AF298056

ESSAI

SUR

LA TORSION DES PIEDS

(PIEDS BOTS),

ET SUR LE MEILLEUR MOYEN DE LES GUÉRIR;

Par Louis d'Ivernois.

SE TROUVE CHEZ L'AUTEUR, RUE COPEAU, N°. 15.

A PARIS,

DE L'IMPRIMERIE DE A. BOBÉE.

1817.

ESSAI

SUR

LA TORSION DES PIEDS

(PIEDS BOTS),

ET SUR LE MEILLEUR MOYEN DE LES GUÉRIR.

———

La défaveur que l'ignorance de certains charlatans a répandue sur l'art difficile de rendre aux pieds tordus leur direction naturelle, n'empêche pas que cette partie de la Chirurgie-pratique ne doive être regardée comme très-utile à la société, puisqu'elle nous offre les moyens de rendre aptes aux fonctions civiles et militaires, des individus auxquels une infirmité fâcheuse les interdisait pour toute la vie. L'orthopédie tient donc son rang parmi les arts qui concourent à la prospérité publique d'un pays ; et les avantages qu'elle présente, me semblent mieux connus et mieux sentis dans les petits états démocrates, où personne n'étant soldat de profession, tous les citoyens sont appelés à la défense de leurs foyers (1). Aussi la nécessité, qui fait sentir partout son empire, a-t-elle donné dans ces états, à l'éducation corporelle des enfans, une perfection, que n'ont point encore atteinte, je crois, les contrées qui vivent sous les lois de la monarchie. Que de soins ne prenait-on pas à Sparte, par exemple, pour développer les forces physiques et prévenir les difformités du corps des enfans qui étaient l'espoir de la patrie, et devaient être un jour sa gloire et son appui. Je pourrais trouver dans la Suisse un exemple plus récent de ce

___

(1) Quatre frères (les frères Martigni, de Vaullion en Suisse), étaient nés avec les pieds tordus. Cette infirmité s'accrut avec l'âge ; ils étaient incapables de vaquer à la plupart des occupations de la vie civile, et de servir l'état. Ils furent radicalement guéris par M. Venel ; trois d'entre eux ont servi avec distinction dans les armées françaises, et le quatrième exerce une profession utile et laborieuse.

que j'avance ici ; en effet, quoiqu'elle soit fort inférieure à quelques nations voisines, sous le rapport des progrès de la civilisation et des lumières, il y a peu de contrées où l'éducation physique des enfans soit mieux soignée, parce que, peut-être, il en est peu où chaque citoyen soit individullement plus nécessaire à son pays. Cette éducation me paraît généralement trop négligée dans quelques parties de l'Europe ; et la France n'est pas entièrement exempte du reproche qui leur est commun. J. J. Rousseau, dont l'éloquence persuasive a banni en grande partie le maillot de nos provinces, et a rendu les mères de familles à leur devoir le plus cher et le plus sacré, conseille d'abandonner les enfans à eux-mêmes, afin qu'ils exercent librement leurs membres, et favorisent ainsi le développement rapide des forces. Ce précepte est salutaire dans la plupart des cas ; il en est cependant où son exécution peut devenir dangereuse, en donnant trop d'énergie à l'action de certains muscles qui entraînent les membres dans une direction vicieuse. C'est presque toujours à prévenir le développement inégal des forces musculaires qui meuvent le pied, que consistent les moyens préservatifs de l'Orthopédie, comme c'est en modifiant ces mêmes forces , qu'agissent presque toujours ses moyens curatifs.

Nature de la Maladie.

La difformité connue sous le nom de Pieds Bots, Pieds tordus, torsion congénitale ou accidentelle des pieds , etc., était trop saillante pour ne pas attirer l'attention des anciens médecins qui possédaient à un haut dégré le talent de l'observation et l'art de faire connaître les maladies par des descriptions fidèles. Ausssi Hippocrate, dans plusieurs endroits de ses ouvrages, nous donne-t-il une idée exacte de la maladie qui nous occupe, ainsi que des indications générales propres à la guérir. Quoique je n'aie pas fait de très-grandes recherches sur l'Orthopédie, je ne crois pas que dans l'intervalle immense qui s'est écoulé depuis Hippocrate jusqu'à Scarpa, on ait rien écrit de bien remarquable sur ce sujet ; la plupart de ceux qui l'ont traité se sont presqu'uniquement occupés à décrire longuement certaines machines de leur invention , qu'ils n'ont pas manqué de faire graver à grands frais. Quant au mémoire de Scarpa, il est digne de l'attention des praticiens, pour la partie théorique ; nous l'examinerons ailleurs sous le point de vue pratique.

La torsion des pieds est 1°. congénitale, 2°. accidentelle. L'une et l'autre peuvent être simples, ou compliquées d'affections qui, quoiqu'étrangères à cette difformité, ont sur sa marche et les différentes formes qu'elle affecte, une grande influence, et donnent naissance à une foule de variétés dont la pratique fournit chaque jour des exemples nombreux.

La torsion congénitale des pieds est celle qui attaque les enfans même avant leur naissance, et dont ils présentent tous les caractères en venant au monde. La torsion accidentelle, au contraire, est le résultat d'une cause éventuelle quelconque, dont les effets consécutifs sont d'entraîner le pied dans une direction plutôt que dans une autre, et qui ne survient qu'à une époque plus ou moins éloignée de la naissance.

Nous ne pouvons guère trouver les causes de la première espèce, que dans l'inégalité des forces musculaires qui mettent le pied en mouvement, et par-là disposent à une progression contre nature ; on peut encore l'attribuer à une lésion quelconque des ligamens de l'articulation du pied avec celle de la jambe ; les os étant lâchement unis les uns avec les autres , prennent telle ou telle direction, suivant qu'ils sont entraînés de tel ou tel côté par l'action des organes du mouvement.

Au nombre des causes de la torsion accidentelle, doivent être comptées les chutes sur les pieds, les entorses, et autres affections éventuelles des muscles, des os et des ligamens qui entrent dans la composition de ces parties, comme les luxations incomplètes, les efforts, les paralysies, les atrophies, le rachitisme, et plusieurs maladies des articulations, qui tendent à déplacer les os du pied et à leur faire prendre une direction plus ou moins vicieuse. Quelquefois cette maladie doit son origine à une mauvaise position que les enfans donnent à leurs pieds en marchant ; ils contractent facilement une habitude qui amène bientôt une disposition organique permanente et contre nature, consolidée chaque jour par l'action musculaire, laquelle concourt également alors à porter le pied dans la mauvaise direction qui lui a été accidentellement imprimée.

Le vice de conformation ou plutôt la disposition vicieuse des os qui constitue la torsion des pieds, se reconnaît aux caractères suivans. Le bord externe du pied se dirige contre le sol, sur lequel il est appliqué pendant la station ; très-souvent la malléole externe, elle-même, supporte une partie du poids du corps. La pointe du pied est portée en dedans et en haut, et forme, ainsi que le remarque Scarpa, un angle aigu en dedans, et un angle obtus en dehors avec le tibia. La malléole interne est presqu'effacée ; la plante des pieds devient verticale au sol, au lieu d'être horizontale ; leurs extrémités antérieures se rapprochent plus ou moins l'une de l'autre, et même se touchent quelquefois pendant la progression. Cet ensemble des pieds par rapport à la jambe, ferait croire au premier abord, que les os de cette dernière sont tournés de telle manière, que la malléole externe se trouve naturellement en devant, et l'interne en arrière ; cependant la position des tibias n'a point éprouvé de changement. La saillie postérieure du calcaneum se trouve très-effacée et dirigée du côté interne du pied. L'enfant, en marchant, n'appuie jamais son talon par terre, et il résulte d'une semblable progression, que la plante du pied est très-concave, et devient le siége de sillons plus ou moins profonds. Le bord externe étant le point d'appui de tout le corps, prend nécessairement un aspect différent de celui qu'il a dans l'état naturel. Il se recouvre de callosités épaisses et dures, présente une surface ovale plus au moins inégale et applatie. On conçoit facilement que les enfans atteints d'une semblable maladie, marchent bien difficilement. Au lieu de décrire une ligne horizontale dans la progression, ils sont obligés de faire parcourir un demi cercle à leurs pieds, en les portant l'un devant l'autre. Il résulte de cette marche pénible et embarrassée, que les enfans sont très-exposés à tomber en arrière et en avant, parce que le plan de sustentation est variable, et ne se trouve point dans la ligne verticale qu'exige toute progression solide, cette ligne tombant en dehors de la malléole externe, au lieu de suivre la direction d'une perpendiculaire qui passerait par la partie supérieure du tarse.

La difformité dont nous venons de tracer les principaux caractères, peut présenter une foule de dégrés ou de variétés que nous n'entreprendrons point de faire connaître. Elle peut également, selon qu'elle est congénitale ou accidentelle, simple ou compliquée, récente ou ancienne, offrir plus ou moins de résistance à la main qui veut la corriger et rendre momentanément au pied sa direction naturelle. Quand les enfans ont marché avec cette torsion des pieds pendant un grand nombre d'années, les ligamens et les cartilages articulaires ont perdu leur souplesse ; les muscles, atrophiés et affaiblis dans leur action par l'absence du mouvement, sont à peine capables de seconder les efforts de l'art. Je les ai souvent observés dans un état de paralysie complette. Le pied, au lieu de présenter une machine dont toutes les parties se meuvent entr'elles sous l'influence des puissances musculaires, n'est plus qu'un assemblage irrégulier de pièces qui ne jouissent que d'un mouvement très-borné ; on peut le comparer à ces machines dont les ressorts ou les rouages restés long-tems inactifs, offrent une résistance presqu'invincible aux léviers chargés de les mouvoir. Lorsque les enfans sont très-jeunes, au contraire, et que la difformité n'est pas très-ancienne, on parvient facilement à redonner au pied sa direction naturelle, et il faut conséquemment moins d'efforts et de soins pour rendre aux parties qui avoisinent les articulations, leur souplesse et leur action primitives.

La marche et la terminaison de la torsion des pieds, considérée dans son état de simplicité, ne présentent de bien remarquable, que les changemens progressifs de formes dont nous avons parlé plus haut. On devine facilement que la maladie ne peut être guérie que par des moyens mécaniques qui seront examinés ultérieurement. Au reste, quand les individus qui en sont affectés, sont sains d'ailleurs, cette difformité n'influe en aucune manière sur leur santé, et on parcourt une aussi longue carrière avec des pieds tordus qu'avec des pieds bien conformés. Il n'en est point ainsi quand des maladies étrangères viennent compliquer celle qui nous occupe. Les deux affections marchant ensemble, s'aggravent mutuellement, et peuvent dégénérer en maladies très-graves, qui nécessitent l'amputation des parties, et peuvent amener la mort. Les scrophules, les rachitis, les altérations organiques connues sous le nom de tumeurs blanches, les fractures, les luxations, les entorses, sont au nombre des lésions morbides qui peuvent modifier les caractères et le mode de terminaison de la torsion des pieds; comme cette dernière, à son tour, influe sur les symptômes et la nature du danger que ces affections portent avec elles.

Le célèbre Scarpa a consigné dans son Mémoire, un examen très-détaillé des pieds des enfans morts avec la difformité qui fait l'objet de cet Essai. Il a noté avec une exactitude scrupuleuse, toutes les particularités qui sont le résultat de la maladie ; nous profiterons de ses recherches, auxquelles nous joindrons les nôtres propres, en remplissant la même tâche. Nous croyons que ces résultats de l'ouverture cadavérique, sont utiles pour perfectionner le traitement, sur - tout pour prouver qu'on se fait souvent une idée fausse de la torsion des pieds, et qu'on emploie conséquemment des moyens défectueux pour la guérir.

L'inspection des cadavres démontre que les os du tarse n'éprouvent ordinairement aucune luxation, mais qu'ils sont seulement déviés de leurs rapports naturels, et diversement contournés ; c'est ce que nous avons vu plusieurs fois sur les os scaphoïde, cuboïde et calcaneum. Aucun d'eux cependant n'abandonne entièrement les surfaces articulaires, qui l'unissent aux os voisins. Tous se trouvent contournés sur leur petit axe de dedans en dehors du pied. Scarpa affirme, d'après plusieurs observations faites sur de jeunes enfans, que l'articulation tibio-tarsienne prend peu de part à la difformité congénitale en dedans, que l'os astragal est peu dévié de sa position naturelle, etc. Il n'en est point ainsi chez les enfans plus âgés et atteins de la tortison accidentelle des pieds : chez eux l'astragale s'incline beaucoup en dedans, et éprouve un assez grand déplacement. Scarpa a fait la même remarque, et en émettant son opinion à cet égard, il a soin de réfuter celle de Camper, qui est absolument opposée. Cette difformité paraît avoir une certaine influence sur le développement et la nutrition des os; en général, ils ne sont point aussi volumineux que dans des pieds bien conformés. Il existe, dit *Scarpa*, une grande différence relative aux corps des os, à leurs saillies, à leurs tubérosités et à leur degré de solidité : elle est encore plus marquée chez les adultes, qui depuis leur naissance sont ainsi incommodés, que chez les enfans de quatre et six ans, etc. (Scarpa, mém. cité.) La direction que prend le pied dans la marche, doit nécessairement apporter un changement dans la longueur, la tension et la dureté des muscles, les muscles tibiaux, long fléchisseur des orteils, long fléchisseur du gros orteil, son abducteur, se raccourcissent et se tendent en raison de la pression que l'enfant exerce contre le sol. Les muscles soléaire, jumeaux et plantaire grêle, présentent le même changement ; conséquemment les autres muscles qui balancent l'action de ceux-ci, se trouvent dans un état opposé ; tels sont les peroniers et les extenseurs.

Un point fort obscur qu'il serait important d'éclaircir, serait de savoir quelle est la cause primitive de la torsion des pieds ; si elle est toujours la même, ou si elle varie selon que la maladie est congéniale ou accidentelle. Plusieurs médecins ont pensé qu'on pouvait rapporter la cause première de cette difformité, à une fausse position imprimée aux membres inférieurs du fœtus pendant la grossesse. Il est difficile de concevoir comment le fruit de la conception flottant dans un liquide, et comme roulé sur lui-même, peut éprouver de la part de l'utérus, une compression assez forte et assez longue pour amener un tel résultat. Duverney ayant observé de la tention dans une partie des muscles qui meuvent les pieds ainsi conformés, avait regardé cet état comme la cause prochaine de la torsion de ces organes. Mais il est facile de voir qu'il prenait l'effet pour la cause. La tension des muscles est le résultat d'une forte contraction fibrillaire qui, à la vérité, aggrave sans cesse la maladie, mais n'est que consécutive à son invasion. Je suis porté à croire que la torsion congénitale des pieds est presque toujours due à un défaut d'équilibre plus ou moins grand dans l'action musculaire. Les organes moteurs qui entraînent le pied dans l'adduction (1), se trouvant doués d'une plus grande énergie contractile, donnent au pied une direction d'abord légèrement déviée; cette déviation qui ne fait ensuite qu'accroître en raison de l'augmentation de la force des muscles adducteurs et de la faiblesse des abducteurs, est encore favorisée par la marche, dont l'effet est de faire incliner le pied dans le même sens. Cette série de phénomènes est sans doute suffisante pour rendre raison des plus grandes difformités dont soient atteints les pieds des enfans. Quant à la torsion accidentelle, on conçoit bien que son développement peut être provoqué par plusieurs causes dont nous avons déjà parlé. Toutefois, si dans ce cas, l'inégalité des forces musculaires, n'est pas primitive, quoique secondaire, elle n'en a pas

---

(1) Il s'agit ici de la torsion des pieds en dedans, qui est la plus fréquente.

moins une puissante influence sur la marche de la maladie. L'opinion que j'émets ici, m'a été suggérée par l'action des machines que j'emploie journellement, que j'applique, et que je modifie de manière à remplacer l'action des muscles et à leur rendre la force dont ils ont besoin, pour contrebalancer l'action de leurs antagonistes. J'ai observé ces organes presqu'atrophiés, acquérir un développement remarquable et recouvrer l'énergie qu'ils avaient perdue, par l'application de l'appareil à ce destiné, et confectionné en conséquence.

Du Traitement de la Maladie.

Une vérité de fait que nous avons eu bien souvent occasion de constater, c'est que la torsion des pieds, qui réside dans un écartement et une déviation des os du tarse, n'est point accompagnée, dans les cas ordinaires, de luxation ni d'enkilose. Scarpa, qui a fixé son attention sur cette difformité, n'en a jamais vu dans le cours d'une longue pratique. D'après cela, il est facile de saisir l'indication thérapeutique que présente cette maladie. Elle consiste, 1°. à redonner aux os du

2

pied leur position respective, par un moyen mécanique ; 2°. à rétablir l'équilibre dans l'action des muscles qui meuvent cette partie ; 3°. enfin, à maintenir dans les rapports naturels les organes déviés de leur situation primitive.

Hippocrate, qui avait observé la maladie dont il s'agit, et avait bien reconnu qu'il n'y avait point de luxation, parle en peu de mots (dans son *Traité des Articulations*) des moyens d'y remédier. Mais ici la difficulté consiste moins dans l'indication que dans l'exécution ; et la machine la mieux construite et la plus propre à guérir la torsion des pieds, pourrait être un instrument inutile dans des mains inhabiles ou peu exercées. Il ne serait donc point étonnant que le procédé dont parle Hippocrate, que peut-être lui ou tout autre avait employé avec succès, fût resté sans application, ou qu'on eût inutilement essayé de le faire servir au traitement des malades. Le savant mémoire de Scarpa ne fait mention d'aucun moyen efficace employé dans le traitement de la difformité dont il est question, depuis Hippocrate jusqu'à nos jours. Je n'ai aucune notion sur les procédés de Tiphaine et Verdier, qui ont exercé leur art à Paris, et sur celui de Jackson de Londres, dont Scarpa ne dit qu'un mot; mais il est plus que probable que si, avec l'un d'eux, on était parvenu à guérir cette infirmité radicalement et dans les cas les plus ordinaires; on ne la regarderait point comme incurable dans quelques endroits : la Suisse ne serait pas, depuis trente ans, le rendez-vous de la plupart des individus atteints de cette affection, et qui viennent souvent de très-loin se faire guérir par le procédé dont nous parlerons ultérieurement (1). Nous le devons à M. Venel, mon oncle, médecin suisse, aussi recommandable par ses vertus et sa philan-tropie, que par ses talens appréciés de diverses sociétés savantes de l'Europe, qui l'ont compté au nombre de leurs membres.

Ce procédé consiste dans l'emploi d'une machine aussi simple qu'ingénieuse, qui réunit un grand nombre d'avantages sans présenter d'inconvéniens majeurs. Nous en donnerons une description assez étendue à la fin de cet Essai. Les bons effets du traitement qu'employait Venel pour la curation de la torsion des pieds,

____

(1) On voit dans l'établissement de M. Jacard, des Allemands, des Français, des Russes, des Anglais, etc.

lui acquit une réputation méritée. Il établit dans la petite ville d'Obe en Suisse, une maison de santé où il recevait et guérissait chaque année un grand nombre de malades. Après sa mort, M. Jacard, son neveu, hérita de sa réputation, et continua de diriger avec succès le même établissement. C'est dans cet établissement fort connu, et qui existe encore aujourd'hui, que j'ai, sous les yeux de M. Jaçard, long-tems étudié, et appliqué un grand nombre de fois la machine de Venel, qu'il m'a fallu souvent modifier selon les circonstances, depuis mon séjour à Paris. Cette machine a été décrite avec beaucoup d'inexactitude dans un grand nombre d'ouvrages allemands; elle est presqu'inconnue en France, et même en Italie, ainsi qu'on le verra d'après le jugement qu'en porte Scarpa. Cet illustre chirurgien, ignorant les bons effets que produit la méthode de Venel, sur le compte de laquelle il a évidemment été induit en erreur, a cherché long-tems un moyen de rendre aux pieds tordus leur conformation naturelle; il croit l'avoir enfin trouvé dans l'application d'un appareil décrit et gravé dans son mémoire.

Quand un homme tel que Scarpa, affirme avoir employé avec succès une machine sur

des enfans atteints de la torsion des pieds,
et s'empresse de la faire connaître, pour que
le public puisse jouir de ses bons effets, assurément personne n'a le droit de révoquer en
doute une autorité aussi respectable. Qu'il me
soit permis seulement d'observer qu'une méthode curative quelconque, a besoin d'être
éprouvée par un grand nombre d'expériences,
et que celle dont nous parlons ne jouit point
encore, je crois, de cet avantage, quoiqu'elle
soit connue en France depuis 1804. Au reste,
je pense que, pour avoir une juste idée du
procédé du professeur Scarpa, il faudrait l'a-
voir vu exécuter, et avoir suivi le traitement
sous les yeux de son inventeur; de même,
que je suis convaincu, que pour bien appli-
quer la machine de Venel et en obtenir des résultats très-prompts, il faut avoir été son
élève ou celui de son successeur. J'ai beaucoup examiné les deux appareils dont se compose la machine de l'illustre Italien; je l'ai
exécutée d'après la description qu'il en donne,
et je l'ai même employée infructueusement.
J'avoue que je ne puis concevoir les grands
avantages du premier appareil appliqué sur des
pieds très-difformes, chez des sujets d'un cer-

tain âge ; je crois que cet appareil doit se déranger presque à chaque pas que fait le malade. Quant au second, il ne me semble guère propre à faire descendre la tubérosité postérieure du calcaneum, quoique ce soit là sa principale destination ; je n'y vois rien qui puisse favoriser l'alongement du tendon d'Achille, si ce n'est la pression que la pesanteur du corps exerce sur le pied ; mais dans ce moment même, les malades effacent les genoux, contractent les muscles soléaires et jumeaux, contraction qui empêche le calcaneum de descendre. Au reste, je ne fais ici que proposer mes doutes sur les bons effets que Scarpa dit avoir retirés de l'application de sa machine. Quant au jugement qu'il porté sur le procédé de Venel, d'après la détestable description qu'en donne Bruckner, je ne crains point de dire que ce jugement est erroné. Où *Bruckner* a-t-il pris, par exemple, que ce procédé consistait à serrer les pieds entre deux plaques de fer, qu'il astreignait les enfans à garder le repos pendant un an et demi que durait le traitement ? Comment a-t-il pu dire, *que la machine de Venel et son bandage, sont plus nuisibles qu'utiles, si l'enfant fait quelques pas* (1)? Jamais Venel, ni **M.** Jacard son successeur, ni moi qui suis son élève, n'avons prescrit le repos aux enfans atteints de la torsion des pieds ; nous prenons, au contraire, tous les moyens pour que les malades se livrent à des exercices variés, courent et marchent autant qu'ils le veulent. Quand l'enfant n'a qu'un pied déformé, la progression s'exécute si facilement, qu'on s'aperçoit à peine qu'il porte un appareil ; c'est seulement lorsque les deux pieds sont très-difformes, que l'enfant marche avec difficulté pendant les premiers jours du traitement. Scarpa est encore tombé dans l'erreur, en disant *que la machine de Venel est seulement applicable dans les cas de difformité légère, et chez les enfans, peu de tems après leur naissance, ou avant qu'ils puissent se tenir sur leurs pieds* (2). Assurément rien n'est plus faux que cette assertion avancée sur la foi d'autrui. J'ai appliqué avec succès cette machine, sous la direction de M. Jacard, et depuis que je l'emploie à Paris, sur un grand nombre d'enfans bien plus âgés que

---

(1) Mémoire cité, page 107.
(2) Mémoire cité, pag. 108.

ceux dont parle Scarpa ; entr'autres malades,
je citerai une demoiselle de 24 ans, ayant
les pieds tordus, qui fut parfaitement guérie
en 1811, par l'application de la machine dont
nous parlons; un jeune homme de 18 ans que
j'ai guéri l'année dernière, etc., ctc. Ainsi
donc tout ce que dit cet auteur touchant
notre procédé, d'après Bruckner et autres, est
dépourvu de fondement et réfuté par les faits
les plus multipliés et les plus concluans. Au
reste, en supposant, ce qui n'est pas entièrement démontré pour moi, que l'appareil de
Scarpa ait toute l'efficacité qu'il lui accorde,
il exige, pour guérir un enfant de trois ou
quatre ans, un espace de six mois, pendant
lequel on est obligé de prendre toutes les précautions possibles, pour que rien ne se dérange
ni le jour, ni la nuit; et il faut de plus avoir
grand soin de changer les plaques d'acier, lors
qu'elles sont trop faibles, etc. La machine de
Venel demande la moitié moins de tems, dans
les cas ordinaires, pour une guérison complette,
elle exige beaucoup moins de précautions,
et n'est pas si susceptible de se déranger que
celles dont nous venons de parler; elle n'est
d'ailleurs composée que d'un seul appareil peu
dispendieux, qui peut servir pendant tout le

traitement. Ces considérations suffiraient sans doute pour donner la supériorité au procédé de Venel, sur celui de Scarpa, s'il ne l'avait déjà acquise par trente années d'expériences positives en sa faveur.

Après avoir étudié, pendant plusieurs années, les moyens de guérir les pieds tordus, et m'être long-tems exercé dans l'application du procédé de Venel, chez M. Jacard, son successeur, je vins à Paris en 1813, moins dans l'intention de m'occuper du même objet, que pour me livrer à l'étude de l'anatomie et de la chirurgie, dont la connaisance approfondie me paraît nécessaire pour bien connaître et traiter convenablement la torsion des pieds sous toutes les formes qu'elle affecte. Ce ne fut qu'un an après mon arrivée dans la capitale, qu'ayant rencontré par hasard, un enfant atteint de cette difformité, je proposai aux parens de le traiter, et je le guéris dans l'espace de cinq mois, d'après la méthode de Venel. Cette cure répandue dans le public, conduisit chez moi quelques autres enfans affectés de la même maladie, ét qui avaient déjà subi un long traitement peu convenable à leur état. Je les soignai avec un égal succès. Ainsi je me vis entraîné, en quel-

que sorte, malgré moi, à me livrer de nou-
veau, beaucoup plutôt que je ne l'avais résolu,
à la curation des pieds bots, sans toutefois
abandonner l'anatomie et la chirurgie que je
cultive toujours. Je restai très-peu connu pendant environ un an occupé de la guérison d'un
petit nombre de malades ; j'avouerai même avec
franchise, que le discrédit dans lequel est tom-
bée l'orthopédie, joint au goût décidé que j'a-
vais pour l'obscurité, me firent souvent résister
aux sollicitations de plusieurs personnes qui
m'engageaient à donner plus de publicité à mes
moyens orthopédiques. Au mois de juin 1814,
M. le docteur de *Montègre*, ayant rencontré
un enfant que j'avais guéri de la torsion des
pieds, désira avoir un entretien avec moi : je
me transportai chez lui ; ce fut là qu'après m'a-
voir demandé des détails sur mon procédé, il
m'engagea à le présenter à la Société du cercle
médical.

Je me rendis à son invitation, et je com-
muniquai à cette estimable société, la machine de Venel, dont je faisais usage dans le
traitement de la difformité dont nous nous oc-
cupons. Les lecteurs qui désireront savoir comment cette communication fut accueillie, pour-
ront consulter le rapport que fit, à cette occa-

sion, M. le professeur Capuron, au cercle médical, concernant cette machine; il est imprimé
dans la *Gazette de Santé*, du 11 août 1814. Un
mois avant, M. de Montègre avait inséré dans
le même ouvrage périodique, l'histoire d'un
malade que j'avais traité avec succès. Voyez le
numéro du 11 juillet 1814. Depuis cette époque
je n'ai pas cessé d'employer l'appareil de Venel,
et ayant mis à profit les conseils judicieux et
remplis de bienveillance, que m'avaient don-
nés plusieurs membres du cercle médical, je
crois en avoir perfectionné l'application. Un
assez grand nombre de malades confiés à mes
soins, m'ont de plus fourni l'occasion de faire
plusieurs observations nouvelles sur les effets
de ce procédé; observations qui, je l'espère,
ne seront point inutiles aux progrès de l'orthopédie.

Les malades, que j'ai guéris (1), et ils sont
assez nombreux, n'ont fait que me confirmer

---

(1) Je me sers ici et dans plusieurs autres endroits, du mot guérir et non du mot traiter, parce
que les effets du procédé de Venel sont tellement
certains, qu'en voyant un pied tordu, je juge s'il est
curable ou non; et dans ce dernier cas, je ne m'en charge
point.

assez nombreux, n'ont fait que me confirmer dans l'opinion que j'émis, en 1814, au cercle médical, c'est que je soupçonne fort, qu''il n'existe, à Paris, aucun homme de l'art, ni artiste, qui fasse usage d'un bon moyen pour la curation des pieds tordus; presque tous les enfans qu'on a conduits chez moi, avaient déjà été soumis à un traitement très-long, prescrit et administré par des personnes fort connues, et qui emploient journellement plusieurs moyens mécaniques dans le traitement de certaines difformités. Je n'élève aucun doute sur les bons effets qu'ils obtiennent de l'application de quelques-unes de leurs machines à tout autre vice de conformation, que celui qui constitue la torsion des pieds ; mais je suis très-porté à croire qu'ils ne guérissent que rarement les enfans véritablement atteints de cette dernière infirmité ; car, outre les malades dont je viens de parler, j'en connais dans ce moment plusieurs qui portent infructueusement leurs appareils depuis plus de six ans (1). On se

---

(1) Ce que j'avance ici ne m'est inspiré ni par l'envie, ni par le désir de m'élever sur les ruines des orthopédistes parisiens ; mon assertion repose sur des faits multipliés, dont plusieurs médecins de la Faculté de Paris ont été témoins.

demandera peut-être comment il se fait qu'un procédé aussi efficace que celui de Venel ne soit pas plus répandu, et quel motif a empêché son inventeur de le faire connaître avec tous les détails nécessaires, pour qu'il fût compris et employé par d'autres que par ses élèves ? Si Venel n'a pas publié sa méthode de guérir les pieds tordus, ce n'est point, comme le laisse entrevoir Scarpa, par un motif de spéculation, mais bien parce que ce médecin, connu pour son désintéressement, était persuadé, comme je le suis moi-même, que des descriptions accompagnées de gravures étaient insuffisantes pour donner une idée exacte d'un tel moyen, et bien diriger dans son application. Ce fut, il faut le dire, pour m'éviter le reproche si mal à propos adressé à Venel, que je me décidai à présenter sa machine au cercle médical, et que je consentis à ce qu'on en fît une description assez étendue dans la *Gazette de Santé*. Je vais produire ici cette description, moins dans l'espérance qu'elle pourra être utile à d'autres qui voudraient employer le même procédé, que pour repousser loin de moi l'injuste soupçon dont mon oncle a été l'objet.

Cet appareil se compose des objets suivants. Une semelle de bois de forme quadrangulaire, et de la longueur du pied, en forme la pièce principale ; elle est montée inférieurement sur deux rebords saillants, dont la hauteur diminue d'avant en arrière. Le côté externe est surmonté postérieurement d'une équerre demi-circulaire en fer, revêtue d'un coussinet en dedans, et armée en dehors d'un bouton où viennent se fixer les courroies qui partent du bord interne. On voit aussi à la face externe de cette équerre, une douille dans laquelle est placée une tige de fer, et dont l'extrémité supérieure est fixée aux environs du genou par une jarretière. L'ex-trémité supérieure de la semelle présente une pièce de cuir, dont la partie inférieure, échan-crée en devant et ouverte en arrière, forme une talonnière, dont la partie supérieure se continue en brodequin, ou demi-bottine, garnie d'un lacet. Sous la partie antérieure de la se-melle est un bouton de fer où se fixe une petite courroie, dont l'autre extrémité peut se coudre au bas ou à la chaussure du malade. Pour appli-quer cet appareil, il faut placer le pied dans la machine, de manière que la plante en soit ap-pliquée sur la semelle ; pour cela, on engage le talon dans la talonnière, et on lace la bottine sur la partie inférieure de la jambe ; le moignon du pied porte sur le coussinet qui revêt l'équerre, le pied se trouve retenu par les courroies qui se fixent au bord externe. Enfin, la tige fixée d'une part à la douille de l'équerre, et de l'autre au genou, forme de la jambe et du pied une seule pièce, que le malade peut mouvoir et diriger à volonté, de manière à augmenter lui - même à chaque instant, les progrès de sa guérison, etc., etc. Toutes les conditions nécessaires, (dit M. *Capuron* dans son rapport, dont nous avons emprunté la description ci-dessus), pour le traitement des pieds bots, sont remplis par l'appareil mécanique de M. d'Jvernois; le pied y est fixé de manière que le talon est dirigé constamment en bas et en dehors; l'astragale est replacé dans sa position naturelle par une lame fixée sur le haut de l'équerre, où elle est soutenue par une courroie, etc. etc. Ce qu'il y a de plus remarquable dans cet appareil, continue M. *Capuron*, c'est qu'il réunit à la douceur, la simplicité. Il n'exerce aucune compression douloureuse, ni aucune extension violente sur le pied; en un mot, il est moins destiné à redresser les pieds bots, qu'à fixer les premiers succès obtenus par l'application des mains ; enfin, il avance et accélère la guérison de cette difformité naturelle, tandis qu'elle rétrograderait peut-être ou serait au moins retardée, si l'on se bornait à de simples manipulations. Un des grands avantages de cet appareil, c'est qu'il peut être appliqué la nuit, le jour, et dans toutes les époques de la jeunesse, etc. (1).

Toutes les fois que l'appareil que je viens de faire connaître, est appliqué à propos, il ne manque jamais son but, qui est de rendre au pied malade sa direction naturelle. Le tems pendant lequel les enfans doivent le porter, est très-variable ; il est en général d'autant plus long que la maladie est plus ancienne, la difformité plus considérable, et que l'action musculaire se trouve plus affaiblie, etc., etc. »On rencontre d'ailleurs, à cet égard, une foule de variétés qu'il est impossible d'indiquer. Nous n'entreprendrons point non plus de faire connaître les soins, les attentions qu'exigent l'application de la machine, la conduite du traitement et celle de la convalescence, qu'il faut surveiller autant que la cure elle-même. Quelques moyens médicamenteux, soit internes, soit externes, sont aussi souvent nécessaires, pendant et après la maladie, pour seconder l'effet de l'appareil mécanique, sur - tout

____

(1) Gazette de Santé, 11 août 1814.

surtout quand les enfans sont faibles ou atteints de quelqu'autre affection, etc., etc.

Il me reste maintenant, pour terminer cet Essai, à rapporter quelques cas particuliers de guérison. Parmi un assez grand nombre que j'ai receuillis avec beaucoup de soin, j'en choisis trois, que je vais consigner ici (1).

J'ai fait graver les pieds des malades qui en sont le sujet; ils se trouvent représentés dans la planche annexée à ce travail, dans deux états différens. Le premier numéro indique l'état de difformité des pieds, le second, celui dans lequel ils étaient après la guérison.

Premier Cas de Guérison.

J... R..., âgé de douze ans, était né avec un Pied bot du côté gauche. Pendant les deux premières années qui suivirent sa naissance, un très-habile chirurgien de Clermont-Ferrand, lui donna infructueusement les soins les plus assidus. Les parens fatigués d'un traitement si long, qui ne faisait présager aucun

---

(1) J'aurais pu insérer ici des cas de difformité bien plus remarquables; entr'autres celui d'un jeune homme de dix-huit ans, qui avait les deux pieds bots; mais ceux que j'ai choisis, m'ont paru plus convenables, offrant trois variétés différentes de la maladie.

succès, renoncèrent à l'espérance de voir le
pied de leur fils, recouvrer sa conformation
naturelle. Cet enfant resta avec un pied bot
jusqu'à l'âge de douze ans, époque à laquelle
je le vis pour la première fois, (c'était au
mois d'octobre 1813). Le pied était alors très-
difforme, et présentait les caractères que j'ai
assignés à la maladie, page 9. Voyez figure
1re. de la planche où il est représenté dans
son état de maladie. Je jugeai de suite qu'il
était possible de le guérir ; en conséquence,
je lui appliquai la machine de Venel, que cet
enfant porta l'espace de cinq mois, pendant
lesquels je surveillai le traitement avec l'exactitude la plus scrupuleuse. On remplaça au
mois de mars, l'appareil mécanique par une
bottine ordinaire au lieu de soulier. Ce malade fut dès-lors regardé comme guéri, et on
ne voit plus aujourd'hui de traces de son ancienne difformité. La figure 2 de la planche,
représente le pied de J. R., que je fis modeler à la fin du traitement.

Deuxième Cas de Guérison.

Le 5 août 1815, on conduisit chez moi un
enfant âgé de quatre ans, qui avait depuis sa
naissance le pied droit très-difforme, et étoit

affecté de la torsion en dedans. Aucun moyen n'avait été encore mis en usage pour rendre au membre sa conformation naturelle. Le pied se trouvait dans l'état qu'offre la figure 3 de la planche. Le poids du corps portait sur le bord externe qui était applati et calleux ; la malléole du même côté touchait le sol; le talon était dirigé en dedans et en haut; la plante du pied, perpendiculaire au sol, offrait plusieurs sillons profonds, etc. La jambe n'était point atrophiée , ainsi qu'on l'observe chez les enfants qui ont long-tems porté de pesantes machines. J'appliquai l'appareil de Venel , que le petit malade porta pendant quatre mois. Mes soins furent couronnés du plus heureux succès. On peut voir en jetant les yeux sur la figure 4, quel changement s'était opéré, par l'effet de la guérison , dans le pied de cet enfant, qui marchait aussi facilement que s'il n'eût jamais eu de pied bo.

Troisième. Cas de Guérison.

Mademoiselle J., bien conformée à sa naissance, éprouva dès l'âge de deux ans des convulsions à la suite desquelles les muscles extenseurs du pied gauche restèrent paralysés. Les fléchisseurs ne se trouvant plus contrebalancés dans leur action par les muscles antagonistes, abaissèrent la pointe du pied, relevèrent le talon ; ensorte que l'extrémité du membre formait presqu'une ligne droite, et était en même tems entraînée du côté interne, ainsi qu'on peut le voir dans la figure 5 de la planche.

La petite malade marchait très-difficilement et traînait son pied. Un médecin, après avoir mis inutilement en usage tous les moyens de l'art pour la guérison de cet enfant, conseilla aux parents de recourir à un mécanicien qui promit d'appliquer un appareil efficace contre cette difformité dont il ne connaissait d'ailleurs, ni la nature, ni les causes. Il fit faire une lourde bottine, prétendant que sa pesanteur était nécessaire pour fatiguer les muscles extenseurs, qui ne pouvaient, selon lui, recouvrer leur énergie perdue, que par ce moyen. Cette machine n'ayant pas, comme on s'en doute bien, rempli le but que s'était proposé l'artiste, il y substitua un autre appareil qui s'étendait de la hanche au pied malade. La jeune personne fut bientôt obligée de l'abandonner sans en avoir retiré aucun avantage, et de marcher à l'aide d'une béquille à-laquelle on fixait , au moyen d'un ruban , le pied qui ne pouvait plus toucher le sol, ni parconséquent servir à la progression. Notre malade resta jusqu'à l'âge de sept ans avec cette pénible infirmité. C'est alors que je la vis pour la première fois. Il est facile , en jetant un coup-d'œil sur la figure 5 , de se faire une juste idée de l'état dans lequel se trouvait le pied , et de la direction que lui avaient imprimée les muscles fléchisseurs , qui depuis long-tems, ne trouvaient plus d'opposition dans leurs antagonistes. Je jugeai au premier abord , que la machine de Venel , même modifiée , ne pourrait servir que dans la première époque du traitement ; je l'appliquai donc avec des modifications. La petite malade la porta pendant à peu près trois mois et demi, à la fin desquels le pied avait recouvré sa conformation naturelle. Je le fis modeler ; il était tel qu'il est représenté dans la figure 6 ; mais la paralysie des extenseurs existait toujours , et on pouvait facilement prévoir que le pied reprendrait bientôt sa vicieuse direction , si on n'employait pas des moyens efficaces, soit pour faire disparaître la paralysie , soit pour suppléer à l'action des extenseurs. Après avoir sans succès mis en usage les ressources qu'offrent la médecine et la chirurgie, contre une semblable affection, il ne me resta plus qu'à construire une machine capable de remplacer l'action des muscles extenseurs. Je crus pouvoir y parvenir en faisant porter à la jeune malade, une bottine à laquelle j'adapterais un petit appareil en fer, dont le mécanisme serait à peu près le même que celui d'une batterie de fusil, et agirait de telle sorte, que, par l'effet de son grand ressort, le talon tendrait continuellement à toucher le sol, et la pointe du pied se dirigerait en haut, ainsi qu'on l'observe pendant la contraction des extenseurs. Mécanisme absolument inverse de celui qui maintenait le pied dans une flexion permanente. Cette machine exécutée comme je l'avais conçue, a été mise en usage avec un plein succès; et son action remplace fort bien celle des muscles extenseurs. Toutes les personnes auxquelles je l'ai montrée, ont vu dans sa composition une application heureuse du mécanisme ingénieux de la batterie de fusil, à celui que présente les organes qui meuvent le pied. Cette bottine armée de son appareil mécanique, qui peut être placée au côté interne ou exeterne de la jambe selon que le pied est porté en dedans ou en dehors, peut être appliquée avec avantage dans tous les cas où il convient d'augmenter ou de remplacer l'action des muscles extenseurs. J'en donne une description détaillée à la fin de ce travail. Voyez la figure 7 de la planche, qui la représente fidèlement.

De la Guérison de quelqu'autres Difformités.

Il existe chez les enfans beaucoup d'autres vices de conformation, qui reconnaissant en partie les mêmes causes que la torsion des pieds, peuvent être guéris par des moyens analogues à ceux dont nous venons de parler. Ainsi j'ai souvent rendu aux tibias courbés ou arqués dans différens sens, leur rectitude naturelle, en faisant usage du procédé de Venel modifié. Je donne dans ce moment des soins à un enfant atteint de cette sorte de difformité ; j'espère obtenir pour lui le même succès que j'ai obtenu sur plusieurs autres sujets qui se trouvaient dans les mêmes circonstances.

Il en est de même de la saillie des genoux en dedans, difformité connue sous le nom de *genoux cagneux*. J'ai fait disparaître un grand nombre de ces vices de conformation, par des moyens

mécaniques appropriés , presque toujours cal-
culés sur l'action musculaire qu'il faut chercher
à ranimer , à fortifier ou à remplacer, selon
les circonstances. Le traitement de ces sortes
de conformations vicieuses , est quelquefois
plus long que celui des pieds bots; mais il
exige moins de soins et d'attentions; et on
peut dire en général, que quand il est administré à tems, il n'est guère moins certain que
celui qu'on emploie pour guérir les pieds
tordus.

Je termine ici ce faible Essai, qui n'est que
l'esquisse fort imparfaite d'un travail plus
étendu et plus complet, que je me propose
de publier, lors que des faits assez nombreux,
observés avec soin , et une expérience mûrie
par les années, me permettront de marcher
d'un pas plus sûr dans la route que je com-
mence à parcourir.

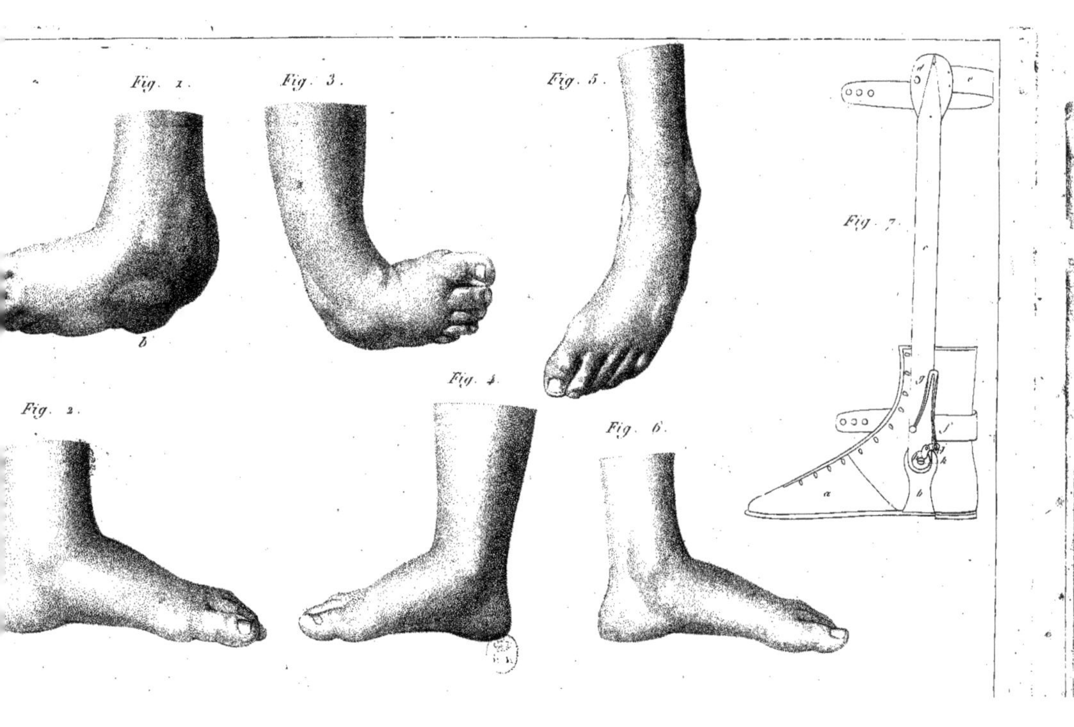

Fig. 1.
Fig. 3.
Fig. 5.
Fig. 7.
Fig. 2.
Fig. 4.
Fig. 6.

MACHINE

*Pour abaisser le talon et suppléer à l'ac-
tion des muscles extenseurs paralysés.*

a. Bottine dont la première semelle est appliquée sur un morceau de tôle remplissant environ les trois quarts de l'espace apelé par
les cordonniers *trépointe*.

b. Morceau de fer courbé en forme d'équerre,
dont la plus courte portion est enfoncée (et
fixée par deux clous rivés) dans la partie de la
semelle qui n'a pas été cousue ; cette équerre
est armée d'un pivot à sa partie supérieure,
qui y est fixé au moyen d'une rivure carrée ;
ce pivot est arrondi pour tourner facilement
dans la tige *g.* ; ensuite il a une forme quadrangulaire pour recevoir la noix *h.*, ce qui fait
une charnière qui est rendue fixe au moyen de
la vice *k.* qui entre dans le pivot, et serre ainsi
à volonté cette articulation.

c. Tige d'acier équivalant avec l'équerre la longueur de la jambe, terminée en pointe à son extrémité supérieure et clouée sur le morceau de tôle *d*.

d. Morceau de tôle sur lequel est fixé l'extrémité supérieure de la tige *c.*, et dont la partie antérieure est armée d'un bouton à goutte de suif, auquel se fixe la courroie qui est clouée à sa partie portérieure.

e. Courroie faisant le tour de la jambe en guise de jarretière, et fixant ainsi la partie supérieure de l'appareil.

f. Autre courroie fixée à la partie postérieure et inférieure de la tige *c.*, venant embrasser la jambe un peu au-dessus des malléoles, et s'attachant au bouton qui retient le ressort

g. Ressort de même forme que celui d'un fusil, fixé au moyen de son pivot et du bouton à goutte de suif auquel vient s'agraffer la courroie *f*.

h. Pièce de fer faisant à peu près les mêmes fonctions qu'une noix de fusil. Cette pièce est armée d'un bras qui est fendu d'avant en arrière pour recevoir la chaînette *j*. qui y est retenue par une goupille.

j. Chaînette en forme de T , dont la queue applatie est reçue dans la noix *h*., et dont la tête s'accroche à la partie inférieure du ressort *g*.

k. Vis serrant à volonté l'articulation de la tige *c*. avec l'équerre et la noix.

FIN.

9 782019 273972